Les devoirs

avec un enfant ayant un trouble de l'apprentissage

Elsa Baggenstos

ISBN : 979-888-443-40-59

« Les enfants ***dys*** *sont des enfants* ***intelligents*** *qui souffrent de ne pas pouvoir le montrer ni le prouver. Leur* ***capacité*** *d'apprendre est* ***différente****, leur* ***volonté*** *d'apprendre est* ***identique****. »*

Docteur Olivier Revol

Table des matières

Préambule

Ayant dispensé des cours particuliers avec des enfants présentant des troubles de l'apprentissage, j'ai vite réalisé qu'avec quelques outils mis en place, ces enfants avaient un très grand potentiel et pouvaient reprendre facilement confiance en eux, en leurs compétences. Ils retrouvaient l'envie d'apprendre, de consolider leurs acquis et de persévérer face à leurs difficultés.

À la fin de mes cours, j'échangeais, à chaque fois, avec les parents. Je leur expliquais les pistes que j'avais mises en place avec leur enfant. Je constatais qu'ils se sentaient vite démunis et avaient plusieurs questions qui restaient sans réponse. Le corps enseignant ne leur donnait pas beaucoup de conseils pour gérer de façon sereine le moment des devoirs. De plus, il y avait souvent une incompréhension sur l'utilité réelle des devoirs à la maison.

C'est pourquoi, à travers ces quelques lignes, je souhaite partager mon expérience en tant qu'enseignante, pour permettre aux parents de désamorcer leurs peurs en rendant petit à petit leur enfant autonome lors du moment des devoirs.

J'ai également le désir de partager des pistes pratiques pour que les parents puissent devenir des accompagnateurs sereins et empathiques pendant la consolidation des apprentissages de leur enfant dans le cadre familial.

Chapitre 1 : Le trouble de l'apprentissage

Un trouble de l'apprentissage fait référence à une condition neurodéveloppementale qui affecte la capacité d'un enfant à acquérir certaines compétences académiques malgré une intelligence moyenne ou supérieure. Ces troubles interfèrent avec la capacité de l'enfant à lire, écrire, calculer ou résoudre des problèmes mathématiques de manière efficace. Bien que les enfants atteints de troubles de l'apprentissage puissent rencontrer des difficultés dans certains domaines, ils peuvent être tout à fait compétents dans d'autres aspects de leur vie.

Les types de troubles de l'apprentissage les plus courants comprennent la dyslexie, la dyscalculie et la dysgraphie. La dyslexie se caractérise par des difficultés à lire et à comprendre le langage écrit. La dyscalculie implique des difficultés avec les concepts mathématiques et les opérations numériques. La dysgraphie concerne les problèmes liés à l'écriture manuscrite et à l'expression écrite. Ces troubles peuvent être diagnostiqués à tout âge.

Les causes des troubles de l'apprentissage ne sont pas complètement comprises mais elles impliquent des facteurs génétiques, neurobiologiques et environnementaux.

Les symptômes des troubles de l'apprentissage peuvent varier d'une personne à une autre.

Ils incluent souvent des difficultés à suivre les instructions, à mémoriser des informations, à organiser des idées ou à effectuer des tâches qui demandent de la coordination et de la motricité fine (capacité de prendre et de manipuler de petits objets).

Les enfants qui présentent un trouble de l’apprentissage peuvent également présenter des retards dans l'acquisition de la parole et du langage ainsi que des problèmes de comportement liés à la frustration et à la faible estime qu’ils ont d’eux-mêmes.

En France, le diagnostic des troubles de l'apprentissage implique généralement une évaluation complète menée par des professionnels de la santé, tels que des psychologues scolaires ou des neuropsychologues.

Une fois le trouble diagnostiqué, un plan d'intervention individualisé peut être mis en place pour aider l'individu à surmonter ses difficultés. Cela peut inclure des adaptations dans l'environnement scolaire, des interventions spécialisées telles que la thérapie du langage ou de l'écriture ainsi que des stratégies d'apprentissage spécifiques.

Bien qu'il n'y ait pas de remède pour les troubles de l'apprentissage, un soutien approprié et des interventions précoces peuvent aider ces enfants à réussir à l'école et dans la vie quotidienne.

De plus, une sensibilisation accrue et une compréhension de ces troubles peuvent contribuer à réduire la stigmatisation associée à ces conditions et à favoriser un environnement inclusif pour tous.

Exemple de difficultés qu'un enfant dyslexique peut rencontrer

« Il était une fois un dragon qui vivait tout seul. Comme la plupart des dragons, il avait des dents pointues et une grande bouche. Il était toujours de mauvaise humeur et avait toujours faim... »

« Il était une fois un ***atron*** qui vivait tout ***stule***. Comme la plupart des ***atrons***, il avait des ***donits*** pointues et ***un grand troche***. Il était toujours de mauvaise ***lanien*** et avait toujours ***manin***... »

Chapitre 2 : L'utilité des devoirs

Les devoirs ont toujours été un sujet de débat dans le domaine de l'éducation. Certains les voient comme une composante essentielle de l'apprentissage des élèves tandis que d'autres remettent en question leur efficacité et leur impact sur le bien-être des enfants.

Dans ce chapitre, je vais explorer l'utilité des devoirs en mettant en avant leurs avantages potentiels ainsi que les critiques qui leur sont adressées.

1. Renforcement de l'apprentissage

L'un des arguments les plus couramment avancé en faveur des devoirs est qu'ils offrent aux élèves l'occasion de renforcer ce qu'ils ont appris en classe.

La répétition et la pratique sont des éléments clés de l'apprentissage. Les devoirs fournissent un moyen pour les élèves de consolider leurs connaissances et leurs compétences dans un environnement hors de la salle de classe. Par le biais des devoirs, les élèves peuvent revisiter les concepts abordés en classe. Ils ont également la possibilité d'approfondir leur compréhension des sujets étudiés. Les devoirs peuvent aussi être conçus pour encourager les élèves à appliquer leurs connaissances à de nouvelles situations ce qui favorise la réflexion critique et la résolution de problèmes.

Par exemple, les devoirs peuvent inclure des questions ou des problèmes qui demandent aux élèves d'appliquer les concepts appris à des scénarios réels ou fictifs. Cette application pratique des connaissances peut aider les élèves à mieux assimiler les informations et à les retenir sur le long terme.

2. Développement de l'autonomie et de la responsabilité

Les devoirs offrent également aux élèves l'occasion de développer des compétences importantes telles que l'autonomie et la responsabilité.

En travaillant de manière indépendante sur leurs devoirs, les élèves apprennent à gérer leur temps de manière efficace, à s'organiser et à planifier leurs tâches. Ces compétences sont essentielles pour réussir dans la vie quotidienne et dans le monde professionnel où la capacité à travailler de manière autonome est souvent demandée.

En leur confiant des tâches à accomplir en dehors de la classe, les enseignants leur apprennent l'importance de respecter les délais, de fournir un travail de qualité et de prendre en charge leur propre apprentissage. Cette responsabilité personnelle est un aspect important du développement des enfants et peut les préparer à assumer des rôles de leadership à l'avenir.

3. Implication des parents dans l'éducation

Les devoirs peuvent également jouer un rôle dans le renforcement du lien entre l'école et la maison. En assignant des devoirs à leurs élèves, les enseignants donnent aux parents l'occasion de s'impliquer dans l'apprentissage de leurs enfants. Les parents peuvent soutenir leurs enfants en les aidant à faire leurs devoirs, en les encourageant à étudier et en leur fournissant un environnement propice à l'apprentissage à la maison.

Cette implication des parents peut avoir des avantages significatifs pour les élèves. Les élèves dont les parents sont impliqués dans leur éducation ont tendance à obtenir de meilleurs résultats scolaires, à avoir une meilleure estime d'eux-mêmes et à être plus motivés à réussir. Les devoirs offrent donc aux parents une occasion précieuse de soutenir l'apprentissage de leurs enfants et de jouer un rôle actif dans leur réussite scolaire.

Malgré les avantages potentiels des devoirs, ils ne sont pas sans critique. Certains soutiennent que les devoirs imposent un fardeau supplémentaire aux élèves en les privant de temps libre pour se détendre, pour poursuivre d'autres intérêts ou pour passer du temps en famille.

Les enfants ont besoin de temps pour jouer, explorer et se reposer. Une charge de devoirs excessive peut compromettre leur bien-être général.

De surcroît, il existe des préoccupations concernant l'équité en ce qui concerne les devoirs. Les élèves issus de milieux socio-économiques défavorisés peuvent ne pas avoir accès aux ressources ou au soutien nécessaires pour accomplir leurs devoirs ce qui peut creuser des écarts de réussite entre les élèves.

Les devoirs peuvent également exacerber les inégalités raciales et ethniques car certains groupes d'élèves peuvent être plus susceptibles de recevoir une aide à domicile comme du soutien scolaire payant par rapport à d'autres.

En conclusion, les devoirs peuvent jouer un rôle important dans le processus d'apprentissage des élèves, en renforçant les acquis, en favorisant le développement de compétences essentielles et en renforçant le lien entre l'école et la maison.

Cependant, il est essentiel que les enseignants et les éducateurs prennent en compte les préoccupations liées à la charge de travail, à l'équité et au bien-être des élèves lors de l'attribution des devoirs.

En équilibrant soigneusement la quantité et la nature des devoirs assignés, les écoles peuvent maximiser les avantages des devoirs tout en minimisant leurs inconvénients.

Chapitre 3 : Mettre en place un rituel

Tous les enfants ont besoin de rituels pour se sentir bien dans leur peau. Les activités régulières leur apportent une sécurité. Des habitudes, qui l'air de rien, vont forger leur identité, vont leur donner des repères dans la vie et vont les rendre jour après jour plus autonome.

Un enfant, ayant un trouble de l'apprentissage, a encore plus besoin de ce sentiment sécuritaire. De ce fait, il sera sensible aux rituels mis en place dans le cadre familial lors du moment des devoirs.

Pour optimiser les devoirs et en tirer le meilleur parti, le parent ou la personne en charge de la gestion des devoirs devra établir une routine régulière et organisée qui encadre le processus de travail à domicile.

Dans ce chapitre, je vais mettre en avant l'importance des rituels lors des devoirs ainsi que leur contribution à renforcer les habitudes positives et à favoriser la réussite éducative des enfants ayant des troubles de l'apprentissage.

1. Créer un environnement propice

Lorsqu'il s'agit d'établir un rituel pour les devoirs, il est essentiel de commencer par créer un environnement propice à la concentration et à la productivité.

Un espace de travail calme et bien éclairé, dépourvu de distractions telles que la télévision, les jeux vidéo ou les appareils électroniques sera donc mis en place.

À l'école en France, l'enfant a, la plupart du temps, une place fixe attitrée. Pour le moment des devoirs dans le cadre familial, il faut permettre à votre enfant de bouger selon ses désirs et ses besoins afin qu'il puisse mettre en avant son canal de perception dominant.

Je m'explique. On ne perçoit pas tous le monde qui nous entoure de la même façon. De même, notre mémoire ne travaille pas à partir des mêmes informations. L'enfant, ayant un trouble de l'apprentissage, doit connaître son profil de perception dominant afin d'utiliser ses caractéristiques personnelles pour mieux apprendre.

Il existe trois principaux canaux de perception ; le visuel, l'auditif ou le kinesthésique. Le visuel utilise ce qu'il voit, tandis que l'auditif retient plutôt ce qu'il entend. Le kinesthésique s'appuie sur les trois autres sens : le toucher, et par extension le mouvement, ainsi que le goût et l'odorat.

Je me rappelle avoir fait cette expérience au lycée. Un individu avait surgi dans notre salle de classe. Il avait parlé quelques minutes et était ressorti.

Plus tard dans le cours, l'enseignant nous avait demandé de décrire ce qui s'était passé. Certains étudiants avaient plutôt perçu et retenu l'aspect physique et vestimentaire de l'individu. D'autres évoquaient sa voix et ses propos. Les derniers étudiants à répondre à la question décrivaient le ressenti qu'avait provoqué en eux cette irruption. Il est donc important de connaître son profil de perception dominant afin de mieux apprendre.

Lors de mes cours particuliers, j'adaptais l'espace de travail en fonction du canal de perception dominant de l'enfant. Pour apprendre une poésie, par exemple, l'enfant, qui était kinesthésique, avait le droit de bouger en la récitant. Pour celui qui était auditif, nous prenions un enregistrement de sa poésie afin qu'il puisse l'entendre pour l'intégrer et la mémoriser. L'enfant visuel, dessinait les éléments principaux de sa poésie à son bureau pour après la réciter en se rappelant de l'image mentale dessinée.

C'est pourquoi, il est important de mettre en place un espace de travail calme tout en sortant du cadre scolaire pour permettre à votre enfant de dévoiler au grand jour son potentiel.

Un bureau propre et organisé, équipé de fournitures scolaires essentielles telles que des stylos, des crayons, du papier et des livres, peut également aider les élèves à se concentrer sur leurs tâches.

De plus, il est essentiel d'établir une routine quotidienne en fixant un horaire régulier et prévisible pour travailler ses devoirs à la maison. Cela aidera les enfants à intégrer les devoirs dans leur emploi du temps quotidien et à créer des habitudes durables. Pour ce faire, déposer un chronomètre comme un time timer à l'endroit dédié pour les devoirs.

Le chronomètre, type time timer, représente de manière très visuelle et très claire le temps restant pour réaliser une activité ou une tâche. Pour l'utiliser, il n'est pas nécessaire de savoir lire l'heure ou de calculer quand une tâche doit s'arrêter. Cet outil est plus qu'une simple minuterie dont le tic-tac peut être stressant et il ne se déclenche que lorsque le temps imparti est écoulé sans l'avoir réellement vu passer. Il permet à l'enfant de mieux gérer son temps, de sorte qu'il puisse être plus efficace lors de l'exécution de tâches ou d'activités sans être distrait par différentes choses présentes dans son environnement.

2. Définir des attentes claires

Un autre aspect essentiel de l'établissement d'un rituel efficace pour les devoirs est de définir des attentes claires et précises pour vos enfants. Cela peut inclure des directives sur la façon de commencer les devoirs, combien de temps y consacrer et comment organiser les tâches à accomplir. Le mieux étant que les enseignants fournissent des instructions écrites ou verbales sur ce qui est attendu des élèves et sur la manière dont les devoirs seront évalués. Si ce n'est pas le cas, vous pouvez échanger avec l'enseignant de votre enfant à ce sujet. Si le débat est stérile, il est important d'instaurer en tant que parent vos propres directives afin d'aider votre enfant à devenir petit à petit autonome et serein dans la gestion de ses devoirs.

Pendant mon soutien scolaire, j'ai pu observer que les enfants devaient souvent recopier les consignes de leurs devoirs sur un cahier avant de débuter la tâche principale. Avec un trouble de l'apprentissage, cette tâche supplémentaire prendra beaucoup trop de temps à l'enfant pour réaliser ce devoir et il perdra un temps considérable pour consolider ses acquis. Je me permettais donc d'effectuer ce travail à sa place afin de nous concentrer sur l'apprentissage de sa leçon. Ces libertés, à mon avis, doivent être prises si vous avez un enfant souffrant d'un trouble de l'apprentissage afin qu'il puisse ne pas se décourager pendant ses devoirs et ne pas perdre confiance en lui.

J'indiquais, par écrit, sous le devoir, que cette tâche avait été faite par moi-même afin d'avertir l'enseignant concerné. Cela permettait de garder un lien constructif avec l'enseignant et de le sensibiliser aux difficultés que mon élève rencontrait pendant les devoirs à domicile.

3. Encourager la consistance et la persévérance

L'un des principaux avantages des rituels lors des devoirs est qu'il favorise la consistance et la persévérance chez les enfants. En établissant une routine régulière pour les devoirs, les élèves apprennent à gérer leur temps de manière efficace, à se concentrer sur leurs tâches et à persévérer face aux difficultés. Cela peut les aider à développer des compétences importantes telles que la discipline, la résilience et la gestion du stress qui seront précieuses tout au long de leur vie.

De plus, les rituels lors des devoirs peuvent contribuer à renforcer la motivation des élèves en créant un sentiment de progression et d'accomplissement.

En suivant une routine quotidienne pour les devoirs, les élèves peuvent voir les résultats de leurs efforts au fil du temps ce qui peut les encourager à continuer à travailler de manière soutenue et à poursuivre leurs objectifs.

4. Favoriser l'implication des parents

Les rituels lors des devoirs peuvent également être l'occasion de vous impliquer dans le processus éducatif de vos enfants. Vous pouvez jouer un rôle précieux en soutenant vos enfants dans leurs devoirs, en les aidant à organiser leur temps, en clarifiant les instructions et en fournissant un soutien émotionnel. En intégrant les parents dans le rituel des devoirs, les enseignants peuvent renforcer le lien entre l'école et la maison et favoriser une collaboration positive entre les deux.

De surcroît, les enseignants peuvent vous encourager à fournir des commentaires sur les devoirs de vos enfants, en soulignant les domaines où vos enfants ont réussi et en identifiant ceux où ils pourraient avoir besoin de soutien supplémentaire. Cela peut aider les enseignants à mieux comprendre les besoins individuels des élèves et à adapter leur enseignement en conséquence.

5. Promouvoir le bien-être émotionnel

Enfin, les rituels lors des devoirs peuvent jouer un rôle important dans la promotion du bien-être émotionnel de vos enfants.

En créant un environnement calme et structuré pour leurs devoirs, vos enfants peuvent se sentir en sécurité et soutenus dans leur travail.

De plus, en intégrant des moments de pause et de détente dans la routine des devoirs, vos enfants peuvent apprendre à gérer leur stress et à maintenir un équilibre sain entre leur travail et leurs loisirs.

Il est également important de reconnaître et de valider les émotions de vos enfants en leur offrant un espace pour exprimer leurs préoccupations et leurs frustrations. Vous pouvez encourager vos enfants à développer des stratégies d'adaptation positives pour faire face au stress lié aux devoirs, telles que la relaxation, la respiration profonde ou la pratique de la pleine conscience.

Pour conclure, les rituels lors des devoirs peuvent jouer un rôle crucial dans la création d'habitudes positives et dans la promotion de la réussite éducative de vos enfants.

En établissant un environnement propice à la concentration et à la productivité, en définissant des attentes claires, en favorisant la consistance et la persévérance et en promouvant le bien-être émotionnel, les adultes en charge des enfants peuvent maximiser les avantages des rituels lors des devoirs.

En intégrant des rituels dans la vie scolaire de vos enfants, vous pouvez les aider à développer leurs compétences et les habitudes nécessaires pour réussir à l'école et au-delà.

Chapitre 4 : Donner confiance à son enfant

Les devoirs peuvent parfois être une source de stress et d'anxiété pour les enfants surtout s'ils rencontrent des difficultés dans certaines matières ou s'ils manquent de confiance en leurs capacités.

En tant que parent, il est essentiel d'aider vos enfants à surmonter ces défis pour qu'ils puissent retrouver confiance en eux pendant leurs devoirs.

Dans ce chapitre, je vais vous présenter différentes stratégies et approches pour redonner confiance à votre enfant pendant le moment des devoirs.

1. Comprendre les causes du manque de confiance

Avant de pouvoir aider votre enfant à retrouver confiance pendant les devoirs, il est important de comprendre les raisons sous-jacentes de son manque de confiance.

Les enfants peuvent perdre confiance en eux pour diverses raisons, telles que des difficultés dans une matière particulière, des comparaisons avec leurs pairs ou des expériences passées de frustration ou d'échec.

Prendre le temps de discuter avec votre enfant et d'identifier les sources de son manque de confiance en lui peut fournir des informations précieuses pour guider l'approche parentale.

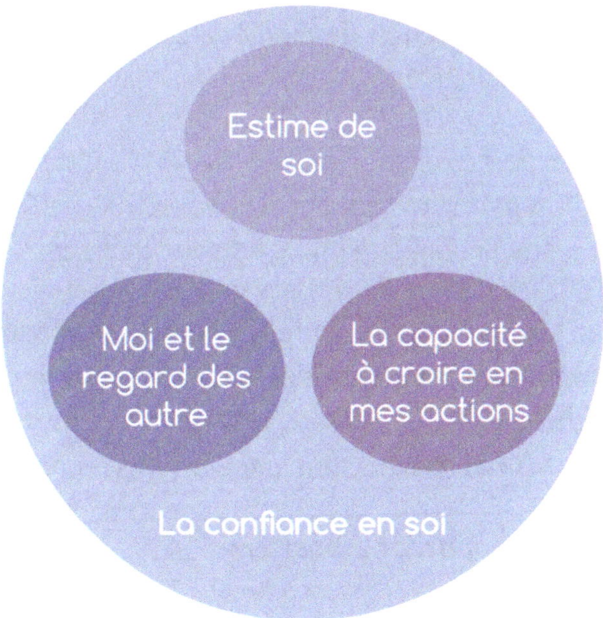
Estime de soi
Moi et le regard des autre
La capacité à croire en mes actions
La confiance en soi

2. *Encourager l'effort et la persévérance*

L'un des moyens les plus efficaces de redonner confiance à votre enfant pendant ses devoirs est de mettre l'accent sur l'effort et la persévérance plutôt que sur les résultats. Plutôt que de se concentrer uniquement sur les bonnes notes ou sur la rapidité avec laquelle les devoirs sont terminés, il est important d'encourager vos enfants à faire de leur mieux et à travailler de manière soutenue même si votre enfant a des difficultés.

Cela implique de féliciter l'effort de votre enfant, même s'il ne parvient pas à atteindre le résultat souhaité et de reconnaître ses progrès même s'ils sont infimes.

Encourager les enfants à voir les erreurs comme une occasion d'apprentissage et à persévérer même lorsqu'ils rencontrent des obstacles peut les aider à développer une mentalité de croissance et à retrouver confiance en leurs capacités.

3. *Adopter une approche positive*

Lorsqu'il s'agit d'aider son enfant à retrouver confiance pendant les devoirs, il est important d'adopter une approche positive et encourageante. Évitez les critiques négatives ou les comparaisons avec d'autres enfants et concentrez-vous plutôt sur les aspects positifs du travail de votre enfant et sur les progrès qu'il fait.

Par exemple, au lieu de dire :

« Tu n'as pas encore fini ? »

« Pourquoi ne peux-tu pas être aussi rapide que ton frère ? »

Essayez plutôt de dire :

« Je suis fier de la façon dont tu travailles de manière concentrée ! »

« Tu as fait beaucoup de progrès depuis la dernière fois ! »

Les mots positifs et encourageants peuvent avoir un impact significatif sur la confiance en soi de votre enfant et sur sa motivation à réussir.

4. Fournir un soutien et une assistance adaptés

Il est également important de fournir à son enfant le soutien et l'assistance dont il a besoin pour réussir dans ses devoirs. Cela peut inclure de l'aide pour comprendre les instructions, résoudre des problèmes complexes ou organiser son travail de manière efficace. Il est important de reconnaître que chaque enfant est unique et que ses besoins en matière de soutien peuvent varier en fonction de ses compétences, de son style d'apprentissage et de ses intérêts.

Soyez à l'écoute des besoins de votre enfant et adaptez votre soutien en conséquence. Par exemple, si votre enfant a du mal à comprendre un concept particulier, envisagez d'utiliser d'autres ressources que celles proposées par l'école telles que des vidéos explicatives, des livres ou des jeux éducatifs.

En soutien scolaire, je travaillais avec mes élèves avec des jeux pédagogiques afin de consolider les notions vues en classe. L'enfant a besoin de rituels mais pas de faire constamment le même exercice de mémorisation. Relire sa leçon est important mais mettre en pratique de façon ludique la notion étudiée est essentiel. Par le jeu, l'enfant ne réalise pas qu'il est en train de réellement travailler et il peut montrer à l'adulte s'il a saisi la notion à apprendre ou non. Ces jeux n'entraînent pas forcément un coût supplémentaire, ils peuvent être prêtés.

5. Célébrer les victoires et les progrès

Enfin, il est important de célébrer les victoires et les progrès de votre enfant même s'ils sont infiniment petits. Reconnaître et célébrer les réussites de votre enfant peut renforcer sa confiance en lui et lui donner la motivation nécessaire pour continuer à persévérer dans ses apprentissages. Cela peut prendre la forme de simples félicitations verbales, de récompenses tangibles telles que des étoiles ou des autocollants ou de la planification d'activités spéciales.

De plus, encouragez votre enfant à se fixer des objectifs réalistes et mesurables pour ses devoirs et aidez-le à suivre ses progrès au fil du temps. Cela peut l'aider à se sentir compétent et confiant dans ses capacités à mesure qu'il atteint ses objectifs et surmonte les obstacles. En définitive, aider votre enfant à retrouver confiance en lui pendant les devoirs est essentiel pour favoriser son succès scolaire et son bien-être émotionnel. En comprenant les causes du manque de confiance de votre enfant, en encourageant l'effort et la persévérance, en adoptant une approche positive, en fournissant un soutien adapté et en célébrant les victoires et les progrès, vous pouvez, en tant que parent, jouer un rôle important dans le renforcement de la confiance en soi de votre enfant et dans son développement global. En intégrant ces stratégies dans le quotidien des devoirs, vous pouvez aider votre enfant à surmonter les défis et à réussir dans ses études.

Pour développer la confiance de votre enfant, je vous conseille *les jeux de la confiance en soi* ***d'Aurélie Crétin***. Le coffret est composé d'un dé à parole pour encourager votre enfant à s'exprimer et à développer une image positive de lui-même, d'un jeu des familles pour identifier et développer les comportements qui font grandir la confiance, d'un jeu de mimes pour prendre de l'assurance et d'un jeu de l'oie pour découvrir des « outils » qui développent la confiance en soi.

Chapitre 5 : Le chemin vers l'autonomie

L'autonomie est une compétence cruciale que vos enfants doivent développer pour réussir dans leurs études et dans leur vie en général. Lorsqu'il s'agit de faire leurs devoirs, acquérir progressivement cette autonomie est un processus essentiel et gratifiant.

Dans ce chapitre, nous allons voir comment vos enfants peuvent trouver petit à petit leur autonomie lors des devoirs, en développant des compétences clés, en surmontant les obstacles et en renforçant leur confiance en eux.

1. Comprendre les fondements de l'autonomie

Pour commencer à comprendre comment développer son autonomie lors des devoirs, il est crucial de clarifier ce que signifie réellement l'autonomie dans ce contexte. L'autonomie ne consiste pas simplement à travailler seul mais plutôt à être capable de gérer efficacement ses devoirs de manière indépendante tout en tirant parti des ressources disponibles lorsque c'est nécessaire.

Cela signifie que votre enfant doit être en mesure de planifier son travail, d'organiser ses tâches de manière efficace, de gérer son temps de manière responsable et de résoudre les problèmes qui surviennent pendant ses devoirs. De plus, l'autonomie implique également la capacité de demander de l'aide lorsque c'est nécessaire et de prendre des décisions éclairées en matière d'apprentissage.

2. *Établir un environnement propice à l'autonomie*

La première étape pour aider votre enfant à développer son autonomie lors des devoirs est de créer un environnement propice à cet apprentissage. Comme décrit dans le chapitre 3, cela implique de fournir à votre enfant un espace de travail approprié, équipé des fournitures nécessaires et exempt de distractions telles que la télévision, les jeux vidéo ou les appareils électroniques.

En établissant une routine quotidienne pour les devoirs, en réservant un moment spécifique chaque jour pour travailler, vous pouvez aider votre enfant à s'habituer à un horaire régulier et à intégrer ses devoirs dans sa routine quotidienne.

3. *Encourager l'initiative et la responsabilité*

L'autonomie lors des devoirs implique également d'encourager l'esprit d'initiative et la responsabilité chez votre enfant. Plutôt que de simplement donner des instructions à suivre, vous pouvez encourager votre enfant à prendre des décisions et à assumer la responsabilité de son travail.

Cela peut inclure des tâches telles que la planification de son emploi du temps de devoirs, la collecte des fournitures nécessaires et la mise en place de son espace de travail. En permettant à votre enfant de prendre des décisions et de gérer son propre travail, vous pouvez l'aider à renforcer sa confiance en lui et à lui donner le sentiment qu'il contrôle son propre apprentissage.

4. Fournir un soutien graduel et adapté

Alors que votre enfant travaille pour développer son autonomie lors des devoirs, il est important de fournir un soutien graduel et adapté à ses besoins. Cela peut impliquer de donner des instructions claires et des exemples concrets pour aider votre enfant à comprendre les tâches à accomplir.

Vous pouvez également offrir des conseils et des suggestions pour aider votre enfant à résoudre les problèmes ou à surmonter les obstacles rencontrés dans son travail.

Montrer l'exemple. Votre enfant sera davantage encouragé à faire ses devoirs si vous êtes également en train « d'étudier ». Ainsi, au lieu de vous asseoir pour regarder la télévision pendant que votre enfant fait ses devoirs, vous pourriez plutôt participer à une activité similaire à la sienne. S'il lit, vous pouvez aussi lire un livre dans la même pièce que lui. S'il fait un devoir de maths, profitez-en pour vous occuper de vos propres finances. Il sera motivant pour votre enfant de voir que vous faites aussi une activité comme celle qu'il doit faire. Il sera plus susceptible de suivre votre exemple et de voir que faire ses devoirs fait partie de la vie et doit être fait, que l'on soit un enfant ou un adulte.

De plus, vous ne devez jamais forcer ou soudoyer votre enfant pour qu'il fasse ses devoirs. Vous devez éviter que votre enfant considère les devoirs comme une punition ou une corvée. Il doit les voir comme une occasion d'apprendre.

5. Encourager l'exploration et l'apprentissage autodirigé

Pour aider votre enfant à développer son autonomie lors de ses devoirs, il est important de l'encourager à explorer de nouvelles idées et à poursuivre ses propres intérêts et passions.

En encourageant votre enfant à poursuivre ses propres intérêts et à explorer de nouvelles idées, vous pouvez favoriser l'apprentissage autodirigé et aider votre enfant à développer sa curiosité intellectuelle.

L'apprentissage autodirigé est le processus dans lequel l'apprenant prend en charge les modalités de son apprentissage, assume son organisation et la conduite de son travail. Bien évidemment, pour un enfant qui est à l'école primaire, cela n'est pas encore envisageable à 100% mais c'est important de lui montrer petit à petit comment y accéder.

L'apprentissage autodirigé donne aux enfants la possibilité de choisir leurs propres méthodes scolaires, de rechercher des ressources supplémentaires et de résoudre des problèmes par eux-mêmes. Cela favorise le sens de l'indépendance.

Pendant mes cours particuliers, je proposais plusieurs méthodes d'apprentissage à mes élèves et ils pouvaient choisir celle qu'ils préféraient. Au début de l'année scolaire, ils étaient surpris par cette démarche.

Ils n'avaient pas l'habitude de pouvoir choisir. Au mois de juin, à la fin de l'année, ils avaient pris l'habitude de le faire et trouvaient cela normal. Ce type de démarche permet à l'enfant de se responsabiliser petit à petit et de comprendre comment il apprend. C'est un fonctionnement qui permet d'apprendre à apprendre.

À l'âge adulte, tout est une question de choix donc pourquoi ne pas commencer dès l'enfance afin de pouvoir devenir autonome très rapidement ? Un enfant qui sait pourquoi il apprend, qui connaît le but et qui a du plaisir à le faire atteindra plus vite ses objectifs personnels et plus tard professionnels.

Les enseignants peuvent aussi encourager l'apprentissage autodirigé en fournissant des directives claires et en offrant des ressources variées. Ils peuvent aussi encourager les élèves à poser des questions, à explorer des sujets différents et à collaborer avec leurs pairs pour approfondir leur compréhension. De cette manière, les enseignants favorisent un environnement où les élèves sont encouragés à prendre des initiatives et à être actifs dans leur propre processus d'apprentissage ce qui conduit à une meilleure rétention des connaissances et à un développement de compétences plus complet.

En conclusion, développer progressivement son autonomie lors des devoirs est un processus qui nécessite du temps, de la patience et de la pratique.

En établissant un environnement propice à l'apprentissage, en encourageant l'initiative et la responsabilité, en fournissant un soutien graduel et adapté, en encourageant l'exploration et l'apprentissage autodirigé et en célébrant les progrès et les réalisations, vous pouvez aider vos enfants à développer leurs compétences et leur confiance nécessaires pour réussir leurs devoirs.

« Il est inutile et nocif de vouloir accélérer le rythme d'apprentissage d'un enfant. »

Catherine L'Ecuyer

Super co-quotidien est un jeu de plateau ludo-pédagogique qui développe l'autonomie quotidienne de tous les enfants.

Après avoir assemblé les quatre pièces de puzzle qui forment la maison, la partie peut commencer ! Votre enfant pioche une grande carte et répond aux questions pour avancer son pion et ranger toutes les pièces de la maison, de la chambre à la salle de bain en passant par le salon et la cuisine. Par le jeu et sans même y penser, il travaille sur les routines quotidiennes, les objets de la maison, les règles mais aussi les dangers et les habitudes ! Le petit plus de Super co-quotidien ? Ce jeu est adapté aux enfants atteints de troubles du spectre autistique, de troubles cognitifs ou encore de déficiences intellectuelles. Car tous les enfants peuvent devenir des super héros du quotidien !

Auteure : Noémie Ogno

J'apprends l'autonomie par le jeu avec Tom est un jeu recommandé pour les enfants ayant un trouble du spectre autistique et idéal pour l'éducation de tous les enfants. Particulièrement utile pour les parents qui désirent instaurer une routine sécurisante et réconfortante ; pour se mettre en route le matin, s'endormir le soir et aider son enfant à s'organiser tout au long de la journée, sans injonction parentale. Grâce à ce coffret de motivation, permettez-lui de vérifier qu'il peut faire par lui-même. Il se sentira alors fier d'accomplir toutes ces tâches, seul. Ce jeu est donc un outil unique pour s'organiser et gagner en confiance en soi. Il est idéal pour stimuler le langage et gérer les transitions. Il facilite et améliore l'apprentissage des routines.

Auteure : Jilu

Chapitre 6 : Outils pratiques

L'accomplissement des devoirs scolaires est une partie essentielle de l'apprentissage des élèves. Cependant, pour certains, cela peut être une tâche intimidante et écrasante. Heureusement, il existe de nombreux outils pédagogiques disponibles pour aider les élèves à mieux comprendre leurs devoirs et à les accomplir de manière efficace.

Dans ce dernier chapitre, nous explorerons une variété d'outils pédagogiques qui peuvent être utilisés pour faciliter le processus de devoirs, aider vos enfants à organiser leur travail et à approfondir leur compréhension des sujets étudiés.

1. Le calendrier

L'un des premiers défis pour vos enfants est souvent de gérer leur temps de manière efficace. Le calendrier est un outil essentiel qui peut aider vos enfants à organiser leurs devoirs. Chaque élève, en plus de son agenda scolaire dans lequel les devoirs sont inscrits, peut réaliser son propre planning de devoirs. Le mieux est de créer avec votre enfant un calendrier sur lequel il pourra marquer ses devoirs couvrant tout le mois et l'afficher proche de son espace de travail. De cette manière, votre enfant apprend à visualiser ce qu'il a à faire et à gérer efficacement son temps. L'étape de la création du calendrier est une étape primordiale. Au début, elle prendra du temps mais au fur et à mesure, votre enfant pourra le créer lui-même.

Ainsi, il n'attendra pas la dernière minute pour débuter ses devoirs et il apprendra à se responsabiliser et organiser son temps au mieux.

Pour un enfant à l'école primaire, je trouve cela judicieux de créer son planning de devoirs sur un tableau blanc magnétique effaçable. Au début, sous votre œil attentif, votre enfant note ses devoirs avec un stylo effaçable. Quand le devoir est terminé, votre enfant peut aller barrer son devoir sur son tableau. Cela lui permet de visualiser sa progression et de voir ce qu'il lui reste à faire.

SEPTEMBRE

LUNDI	MARDI	MERCREDI	JEUDI	VENDREDI	SAMEDI	DIMANCHE
		1	2	3	4	5
6	7	8	9	10	11	12
13	14	15	16	17	18	19
20	21	22	23	24	25	26
27	28	29	30			

◊ **Remplir ce planning en apprenant à votre enfant à hiérarchiser les tâches.** Il est important de faire comprendre à votre enfant que tous les devoirs ne sont pas égaux en termes d'importance et de complexité. Vous pouvez aider votre enfant à gérer ses devoirs de manière stratégique en tenant compte des facteurs suivants :

1. **Les dates d'échéances** : les devoirs avec des dates de rendu plus proches doivent être traités en priorité. Cela évite de se retrouver dans une situation stressante de dernière minute.
2. **Les devoirs sur table ou exposés** : ils nécessitent plus de temps de préparation. Ils doivent être notés dans le calendrier de manière fractionnée jusqu'à la date d'échéance.
3. **Équilibrer les matières** : encouragez votre enfant à alterner entre les matières qu'il aime et celles pour lesquelles il rencontre des difficultés afin d'éviter la fatigue mentale.

De cette façon, votre enfant pourra se rendre compte des devoirs sur lesquels il peut avancer pour ne pas se trouver débordé. C'est une erreur fréquente pour les élèves. L'agenda, présenté jour par jour, ne donne pas un aperçu des prochaines semaines. Les élèves oublient alors parfois qu'un contrôle est prévu trois semaines plus tard ou qu'un devoir est à rendre pour la fin du mois. Les enfants s'en rendent compte à la dernière minute lorsqu'ils tournent les pages de leur agenda !

◊ **Compartimenter les tâches avec votre enfant dans son calendrier.** Par exemple, si votre enfant a un devoir de mathématiques à rendre dans 10 jours, il faut lui apprendre à noter dans son calendrier qu'il devra avancer le devoir un peu chaque jour. Votre enfant comprendra au fur et à mesure que cette manière de faire est plus simple, plus rapide et moins stressante que d'être pris au dépourvu à la dernière minute.

◊ **Éviter la procrastination.** Encouragez votre enfant à démarrer ses devoirs dès qu'il rentre à la maison plutôt que de les remettre à plus tard. En faisant les devoirs chaque jour à la même heure, votre enfant prendra un rythme et un automatisme de concentration. Notez avec votre enfant ses devoirs dans le calendrier à une heure qui suit la fin de son temps d'école et juste après son goûter afin qu'il ait assez d'énergie pour travailler efficacement. Votre enfant sait, par exemple, qu'entre 17h et 17h30, c'est le moment des devoirs mais qu'il pourra se détendre par la suite. Il n'y aura ainsi pas de mauvaise surprise. De plus, comme expliqué dans un autre chapitre, votre enfant a besoin de rituels pour se sentir en sécurité. Le fait que ses devoirs se déroulent chaque jour à la même heure fait partie d'un rituel à mettre en place. La procrastination, quant à elle, peut augmenter le stress et la pression. En tant que parent, vous avez sûrement déjà entendu : **« J'ai la flemme de faire mes devoirs ».** Souvent, l'enfant procrastine car il ne sait pas par où commencer, ses objectifs ne sont pas clairs ou il a une préférence pour le plaisir immédiat. Les tâches longues et complexes ne le stimulent pas ou il est déconcentré par des distractions.

Le calendrier évitera cet état de fait. Votre enfant saura par où commencer en ayant hiérarchisé et fractionné ses devoirs. Ses objectifs seront clairement définis sur un mois et non jour par jour. Le moment de plaisir, de loisir pourra être mis en place et votre enfant ne sera donc pas frustré. Avec son calendrier, il aura une visualisation claire des moments où il pourra se reposer, jouer ou participer à des activités sportives ou culturelles.

De surcroît, pour surmonter cette tendance à tout remettre au lendemain, votre enfant doit apprendre à se fixer des objectifs réalisables. Dans le calendrier, vous pouvez lui montrer comment découper les tâches en sous-tâches plus digestes avec pour chacune une échéance pour ne pas prendre plus de temps qu'il n'en faut pour les accomplir. Cela rendra les travaux moins intimidants et plus faciles à aborder. Apprenez également à votre enfant à estimer le temps nécessaire pour chaque devoir et à se concentrer sur une tâche à la fois. C'est à ce moment-là que le time timer peut être utile pour éviter de passer trop de temps sur un seul devoir.

Cet outil peut être très pratique pour les enfants ayant un trouble du déficit de l'attention avec ou sans hyperactivité (TDAH). Les élèves qui ont un TDAH ont des difficultés à estimer le temps qui passe. Le time timer permet d'avoir une représentation visuelle du temps qu'il reste pour réaliser une tâche grâce à la couleur présente dans le cercle qui diminue au fil du temps qui passe.

2. Le tableau à deux colonnes

Un outil qui peut être intéressant à mettre en place avec votre enfant est le tableau à deux colonnes.

Leçon à mémoriser	Ce que je sais déjà	Ce que je ne sais pas encore

Avant de commencer à faire travailler votre enfant sur une leçon, vous pouvez l'interroger au préalable sur ses connaissances sur le sujet et les noter dans la colonne **« ce que je sais déjà »**. Cela lui fera prendre conscience de l'étendue de ce qu'il maîtrise déjà et lui donnera confiance en lui.

Ensuite, notez les informations clés de la leçon qu'il ne maîtrise pas encore et qui reste à apprendre dans la deuxième colonne. Votre enfant s'appuiera sur cette deuxième colonne pour savoir ce qu'il a à travailler lors de ses devoirs et pour noter les tâches non-mémorisées dans son calendrier mensuel.

Après l'instauration du calendrier et du tableau à deux colonnes, votre enfant peut commencer à débuter ses devoirs quotidiens en ayant un aperçu clair de ce qu'il doit travailler, de ce qu'il doit apprendre à mémoriser ou de ce qu'il doit réaliser comme exercices de mathématiques ou de français à partir d'un manuel.

En France, les enseignants donnent encore comme devoirs des fiches avec des exercices à faire. Ce type de devoirs est de mon point de vue à proscrire. **Les devoirs donnés aux enfants doivent être des devoirs que l'enfant peut faire tout seul !**

Un enfant ***dys*** aura besoin de ses parents pour mettre en place des stratégies d'apprentissage spécifiques à son trouble. Cependant, petit à petit, il devra parvenir à être autonome dans la gestion de ses devoirs. Les devoirs qui sont effectués par les parents car ils sont trop compliqués ou trop longs doivent être signalés au corps enseignant.

En Suisse, mon pays d'origine, l'apprentissage scolaire a lieu pendant l'enseignement. Les devoirs à domicile sont prioritairement destinés à apprendre aux élèves à organiser leur travail et à consolider les apprentissages réalisés en classe. Ils sont constitués d'activités qui développent chez les élèves leur capacité à planifier leur travail et à l'exécuter à la maison en se référant à ce qui est appris jour après jour dans le cadre de l'école avec les équipes enseignantes et en interaction avec leurs camarades.

Ils permettent ainsi aux élèves de consolider un apprentissage mené en classe. Il ne s'agit pas d'activités décrochées du travail mené au sein de la classe.

Les enseignants adaptent les devoirs aux compétences et capacités de leurs élèves et leur expliquent dans quel contexte les exercices s'inscrivent. Les devoirs à domicile proposent des tâches et exercices dont l'élève cerne aisément le sens et comprend les consignes **sans être contraint de solliciter l'aide d'un adulte.** Les devoirs ne servent pas à rattraper un retard ou à compléter un sujet d'enseignement à la maison.

Les enseignants sont conscients que les élèves ne bénéficient pas tous du même soutien et du même encouragement à la maison et doivent tenir compte de cela.

La restitution en classe du travail accompli à la maison doit permettre à l'élève d'exercer différents types de compétences, aussi bien à l'oral qu'à l'écrit. Cette restitution ne prend pas uniquement la forme de la présentation d'un exercice écrit. Les élèves reçoivent des retours formateurs concernant leurs devoirs, retours qui ne portent pas uniquement sur la solution mais aussi sur la démarche à adopter pour parvenir à la solution. Pour un élève à l'école primaire, les devoirs ne doivent pas excéder 45 minutes par semaine.

C'est pourquoi, pour que cela évolue également en France, je trouve qu'il est important qu'en tant que parent, vous signaliez les devoirs que votre enfant ne peut pas faire seul, les devoirs où il est obligé de vous solliciter.

Quand toute la famille a eu une longue journée, les devoirs sont souvent une bête noire qui est soit combattue dans la douleur ou soit complètement ignorée. Refuser les devoirs que votre enfant ne peut pas faire seul peut être salutaire pour tout le monde, en priorité pour votre enfant. Cela permettra au fur et à mesure de donner un réel sens aux devoirs à domicile.

Lors de mes cours particuliers, je notais souvent un mot à l'enseignant dans l'agenda de devoirs de mon élève ou sur le devoir de mon élève pour clarifier ce que l'enfant avait réussi à faire seul et ce que j'avais dû faire à sa place. Je trouvais primordial de le faire pour que l'enseignant puisse adapter les devoirs par la suite. Mes élèves étaient stressés à l'idée que je le fasse. Ils avaient peur que l'enseignant le prenne mal ou peur d'être sanctionné à cause de cela !

C'est pourquoi, il est important de le faire dès la rentrée scolaire afin que votre enfant sache que vous êtes en collaboration avec son enseignant pour sa réussite scolaire et son bonheur. La peur ne doit pas les guider dans leurs apprentissages et leur future autonomie.

3. L'utilisation de la carte mentale

Lorsque votre enfant a défini son calendrier et les tâches à effectuer, il peut commencer ses devoirs en toute quiétude.

Une façon intéressante afin de mémoriser sa leçon plus facilement est de transformer les mots à retenir en images. Votre enfant, avec votre aide, peut apprendre à créer des cartes mentales.

Lors de mes cours particuliers, je mettais souvent en place cet outil qui permettait à l'enfant de retenir plus facilement sa leçon. J'y allais par étapes :

1. L'enfant relisait sa leçon.
2. L'enfant me disait s'il y avait des notions incomprises ou des mots incompris.
3. Nous clarifiions ensemble les concepts incompris.
4. Il déterminait, avec mon aide, les idées clés et les mots clés à mémoriser dans sa leçon.
5. Nous mettions en avant l'idée principale de la leçon.
   Par exemple : **l'accord dans le groupe nominal**
6. L'enfant me disait ce qu'il savait sur **l'accord dans le groupe nominal**. Je le notais ou il le faisait en fonction du temps à disposition et de ses capacités.
7. Pour chaque item, chaque bulle, nous trouvions ensemble un exemple pour une meilleure compréhension.
   Par exemple : **une tortue = D + N = nom féminin singulier**.

8. Pour mémoriser la carte mentale, l'enfant, qui était plutôt visuel, transformait les exemples en images en dessinant une tortue et un chien. L'enfant, auditif, lisait la carte mentale et la récitait en fermant les yeux. L'enfant kinesthésique utilisait le jeu ci-dessous où il pouvait manipuler des couleurs et des mots qui définissaient le déterminant et le nom commun. Ce jeu est toujours parfait pour travailler la nature des mots et l'accord dans le groupe nominal.

La carte mentale permet de revoir la leçon d'une autre manière. Cela favorise la compréhension et la mémorisation de la notion vue en classe. L'enfant fait des associations, des analogies, des comparaisons et des métaphores même sans s'en rendre compte. Il reformule ce qu'il a compris et trouve des exemples pour vérifier ses connaissances. Il identifie les ressemblances et les liens avec les cours précédents.

De plus, il garde une trace de son apprentissage, trace qu'il peut revoir à tout moment, même quelques minutes avant son contrôle.

Au départ, il est important que vous soyez présent pour expliquer le fonctionnement de la carte mentale à votre enfant. Cependant, le but final est que votre enfant utilise, par la suite, cet outil de manière autonome.

Mes élèves ayant un trouble de l'apprentissage appréciaient cet outil et petit à petit, arrivaient à l'utiliser presque seuls. Quand un de mes élèves avait terminé de créer sa carte mentale, je l'aidais simplement à la compléter s'il avait oublié des notions importantes. Ensuite, je lui demandais de fermer les yeux, d'essayer de la visualiser et de la dessiner « dans l'air » avec son doigt en décrivant oralement ce qu'il avait noté. Cet exercice leur plaisait et portait ses fruits. Lors de leur contrôle, mes élèves arrivaient à restituer les notions mémorisées grâce à la carte mentale et aux jeux pédagogiques mis en place. Au fil des mois, leurs notes s'amélioraient et leur moyenne augmentait.

Exemple de cartes mentales

J'ai créé des cartes mentales en français et en mathématiques du niveau CE1 à la 3ème. Elles sont téléchargeables gratuitement sur le site de ***Numéro 1 Scolarité*** sous l'onglet « ressources pédagogiques » afin que vous puissiez les utiliser avec votre enfant pour consolider ses acquis.

www.numero1-scolarite.com/ressources-pedagogiques

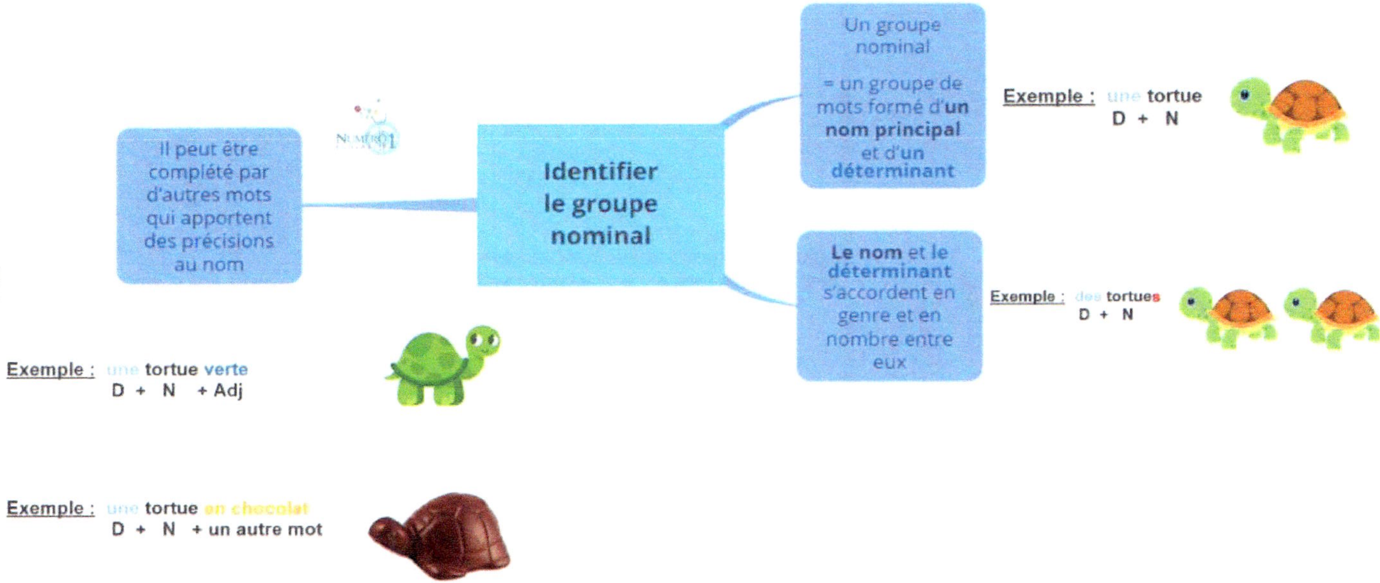
Identifier le groupe nominal
Un groupe nominal
= un groupe de mots formé d'un nom principal et d'un déterminant
Exemple : une tortue
D + N
Le nom et le déterminant s'accordent en genre et en nombre entre eux
Exemple : des tortues
D + N
Il peut être complété par d'autres mots qui apportent des précisions au nom
Exemple : une tortue verte
D + N + Adj
Exemple : une tortue en chocolat
D + N + un autre mot

4. Les cartes recto-verso (ou flashcards)

Les *flashcards* (cartes de mémorisation) sont une très bonne méthode d'apprentissage et de mémorisation.

Les *flashcards* sont des cartes recto-verso sur lesquelles votre enfant va inscrire une question ou un concept au recto et la réponse ou la définition au verso. Avec les *flashcards,* votre enfant va entraîner sa capacité à récupérer l'information déjà vue en classe.

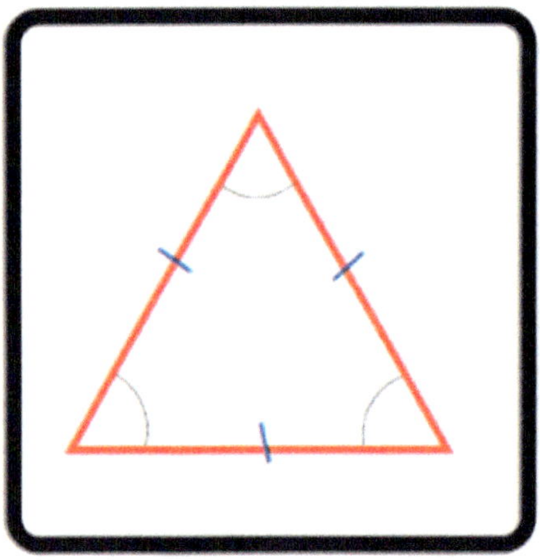

Recto de la carte

Verso de la carte

Il s'agit d'une technique d'entraînement par la récupération. La récupération de l'information est la dernière étape dans le processus d'apprentissage. Il s'agit de l'étape la plus importante pour faire revenir l'information à la conscience pour pouvoir l'utiliser et la restituer lors d'un contrôle.

Les *flashcards* peuvent être utilisées pour étudier tout type de sujet et elles sont très utiles pour se tester.

Votre enfant doit donner la réponse avant de retourner sa carte, soit à voix haute, soit en l'écrivant. Au début, il va vouloir tricher pour se rassurer, en vérifiant la réponse avant de l'avoir exprimé. Petit à petit, il faut l'aider à arrêter de tricher et lui montrer qu'il va mieux mémoriser l'information s'il considère sérieusement cet outil de travail.

Cette méthode l'aidera à mémoriser et à identifier l'information qu'il ne maîtrise pas encore. Préciser à votre enfant qu'il vaut mieux qu'il l'identifie pendant ses révisions que lors de son contrôle !

Les cartes qui posent encore des difficultés peuvent être mises sur un tas à part pour être revues régulièrement jusqu'à l'examen.

La meilleure pratique est que votre enfant fasse ses propres cartes en utilisant du bon vieux papier-cartonné. En les créant, votre enfant va, sans le réaliser, déjà revoir les notions à réviser ce qui l'aidera dans son apprentissage. Il utilisera ses propres mots et images et il pourra ainsi vous exprimer s'il y a des notions incomprises. De surcroît, il va apprendre à cibler les informations clés qu'il doit retenir. Ce travail est complémentaire à celui de la carte mentale vue précédemment.

5. La lecture

La lecture est souvent considérée comme l'un des piliers fondamentaux de l'éducation. Au-delà de sa fonction première de transmettre des connaissances, la lecture joue également un rôle essentiel en tant qu'outil pédagogique pour faciliter et améliorer le processus d'apprentissage.

La lecture est, selon moi, la clé de la réussite scolaire et de la vie quotidienne. Elle permet aux enfants de comprendre le monde qui les entoure, de développer leur vocabulaire, d'améliorer leur compréhension écrite et d'acquérir des connaissances dans tous les domaines.

L'apprentissage de la lecture est une étape cruciale dans le développement de votre enfant. C'est une compétence fondamentale qui ouvre les portes de la connaissance, de l'imagination et de l'autonomie. En tant que parent, vous jouez un rôle essentiel dans le soutien de votre enfant tout au long de ce processus.

Nous allons voir ensemble diverses stratégies et conseils pour aider votre enfant à apprendre petit à petit à lire de manière autonome. Cette étape lui permettra, par la suite, de pouvoir également faire ses devoirs de manière indépendante car il n'aura plus besoin de votre aide pour comprendre ce qu'on attend de lui. Il saura lire. De ce fait, il aura accès à la connaissance et pourra chercher les informations par lui-même.

L'une des premières étapes pour aider votre enfant à apprendre à lire est de créer un environnement propice à la lecture. Cela implique de fournir un accès à une variété de livres adaptés à son âge, à ses intérêts et à son trouble. Aménagez un coin lecture confortable dans votre maison où votre enfant pourra se retirer pour lire tranquillement.

Il existe, de plus en plus, des livres spécialement adaptés aux enfants dys.

Votre enfant pourra lire seul grâce à une mise en page aménagée, des sons complexes en couleur, une mise en valeur des mots-outils et un vocabulaire adapté.

Au début, votre enfant fatiguera rapidement s'il désire lire à voix haute et ne pourra lire que quelques mots ou quelques pages. C'est normal. Comme pour toute compétence, la pratique régulière est essentielle pour développer les compétences en lecture. Fixez des séances de lecture régulières avec votre enfant même si ce ne sont que quelques minutes par jour. Encouragez-le quand même à lire à haute voix et à vous raconter ce qu'il a lu.

La lecture à voix haute est l'une des méthodes les plus efficaces pour aider les enfants à développer leurs compétences en lecture.

Dès son plus jeune âge, prenez l'habitude de lire régulièrement des histoires à votre enfant à voix haute. Choisissez des livres riches en vocabulaire et en illustrations captivantes. Lors de la lecture, pointez du doigt les mots et encouragez votre enfant à suivre avec son doigt. Cela l'aidera à associer les mots écrits aux sons qui correspondent. Lire à voix haute oblige à ralentir, à se concentrer et à réfléchir au contenu. De plus, cela le rendra plus sensible au texte. L'attention accrue qu'il portera au ton, à la diction, à la structure et au récit améliorera aussi sa façon d'écrire. La lecture à voix haute est également un excellent moyen pour développer sa concentration.

Ensuite, encouragez votre enfant à explorer les livres de manière autonome. Laissez-le choisir des lectures qui l'intéressent et encouragez-le à poser des questions sur ce qu'il lit.

Répondez à ses questions avec patience et encouragez-le à faire des prédictions sur ce qui va se passer dans l'histoire.

Dans certaines situations, la technologie peut être un outil précieux pour aider les enfants à apprendre à lire. Cependant, elle ne devra jamais remplacer totalement le support papier.

Il existe de nombreuses applications et jeux éducatifs conçus spécifiquement pour aider les enfants à développer leurs compétences en lecture. Choisissez des applications adaptées à l'âge, aux intérêts de votre enfant et à son trouble de l'apprentissage. Utilisez-les de manière limitée et surveillée. Vous pouvez trouver des applications pour les enfants dyslexiques sur Ipad, Android ou Iphone.

Par exemple, **MYdys** est une application qui vous invite à prendre en photo avec votre smartphone le texte que vous souhaitez lire. Il est alors possible d'obtenir une séquence de lecture personnalisée qui s'adapte à votre trouble visuel. L'interface permet de modifier la taille des caractères, de la police, de l'espacement des mots et des lignes, d'aider à la lecture des lettres et des chiffres les plus couramment confondus ou inversés. C'est le cas souvent pour un 9 et un 6 ou un d et un b. Elle permet également de modifier les couleurs pour augmenter le contraste et la lisibilité. L'outil permet également d'assurer une traduction en plus de 21 langues et même une synthèse vocale du texte.

La plupart du temps, les consignes des devoirs ne sont pas écrites en étant adaptées aux enfants dyslexiques. Votre enfant, avec cette application, pourra photographier son devoir et le lire de manière plus aisée.

Fournissez aussi à votre enfant des retours positifs et des encouragements tout au long de son parcours d'apprentissage de la lecture.

Félicitez-le pour ses progrès, même les plus petits et encouragez-le à persévérer lorsqu'il rencontre des difficultés. Assurez-vous de créer un environnement où il se sent en sécurité pour prendre des risques et faire des erreurs. Enfin, rappelez-vous que l'apprentissage de la lecture est un processus progressif qui prend du temps. Soyez patient et persévérant, et rappelez-vous que chaque enfant progresse à son propre rythme. Continuez à fournir un soutien et des encouragements à votre enfant, et rappelez-vous que chaque petit pas le rapproche un peu plus de devenir un lecteur autonome et confiant.

6. L'apprentissage par le jeu

Les méthodes d'apprentissage traditionnelles d'enseignement ne sont pas toujours efficaces et adaptées à tous les enfants. Selon mon vécu, l'apprentissage par le jeu a toujours été une stratégie gagnante pour que mes élèves n'aient pas l'impression de faire leurs devoirs.

L'apprentissage par le jeu est un concept utilisé en science de l'éducation et en psychologie qui défend l'idée selon laquelle l'enfant acquiert des compétences à travers l'activité du jeu, en donnant un sens au monde qui l'entoure.

D'après Lev Vygotsky, pédagogue, « ***le jeu est la principale source de développement des enfants, que ce soit sur le plan affectif, social, physique, langagier ou cognitif*** ».

Le jeu donnerait à l'enfant des compétences sociales et cognitives et une confiance en soi qui lui permettraient de vivre de nouvelles expériences et d'évoluer dans des environnements inconnus.

Confronté à des règles et à un environnement étranger, l'enfant met en place des nouvelles stratégies, adopte certaines aptitudes, pense de façon créative, collabore avec ses partenaires de jeu et apprend de ses erreurs.

L'utilisation de jeux pédagogiques peut donc rendre votre enfant plus engagé, plus motivé et plus efficace face à ses études, face à ses devoirs.

Pourquoi est-il important d'intégrer des jeux pédagogiques dans le processus d'apprentissage ?

Comparé au travail, le jeu est perçu comme une activité amusante et délassante, ce qui lui confère un caractère plaisant aux yeux des enfants et accentue, de facto, son efficacité.

De ce fait, le jeu est une activité choisie, contrairement au travail qui est perçu comme imposé par autrui. Le jeu devient synonyme de délassement, de plaisir, tandis que le travail n'est que labeur et contrainte. Contrairement au travail qui a un objectif et un résultat précis, on n'attend pas d'effet d'un jeu, on le vit et on y trouve du plaisir.

Le jeu devient alors un support idéal pour permettre l'acquisition de compétences parfois difficiles à mobiliser à travers le travail traditionnel. En effet, le jeu a de multiples atouts :

- il motive l'enfant, facilite sa concentration et stimule sa mémoire
- l'enfant est acteur de sa réflexion et de sa stratégie
- l'enfant collabore et partage avec ses partenaires de jeu

Le jeu modifie et démocratise le rapport au savoir :

- l'enfant est moins soumis au stress, à la peur de l'erreur et de l'échec car le jeu est basé sur des règles connues de tous et parfois sur le hasard
- le jeu incite l'élève à verbaliser sa pensée, à argumenter ses choix et, donc, l'aide à perfectionner son langage
- le jeu permet à l'enfant de développer des méthodes de travail, de suivre une logique et un raisonnement
- le jeu permet de stimuler diverses compétences en même temps: le verbal, le mental, la logique, le calcul,...
- le jeu donne à l'enfant un but précis, concret et l'incite à s'impliquer dans celui-ci

Le jeu est donc un support de choix dans le domaine des apprentissages car il mobilise un grand nombre de capacités cognitives et permet une différenciation pédagogique qui porte ses fruits auprès d'enfants parfois en perte de vitesse face aux méthodes classiques d'instruction.

Le jeu devient un moteur au savoir, il motive l'élève à aller de l'avant. La notion de plaisir d'apprendre des enfants est centrale dans la démarche de l'apprentissage par le jeu.

Le jeu est donc un moyen ludique et éducatif au service des apprentissages scolaires qu'il serait dommage d'ignorer.

Beaucoup de jeux pédagogiques existent et sont adaptés pour les devoirs.

Des jeux de société aux applications éducatives en passant par des jeux de rôle et des escape games éducatifs, chaque type de jeu offre des possibilités uniques pour renforcer les connaissances et les compétences des élèves dans différentes matières.

Je vais vous en montrer quelques-uns que j'utilisais lors de mon soutien scolaire. Cela ne sera bien entendu pas une liste exhaustive de ce qu'il existe sur le marché.

Le jeu Conju Cat's

Jeu de cartes original et très convivial, basé sur la rapidité, la mémoire et la conjugaison. Il permet de manière très amusante d'améliorer son niveau et sa vitesse de lecture et de conjugaison.

Auteur : François Petit

Le jeu Ne mange pas la consigne !

Jeux autour de la compréhension des consignes écrites. Basés aussi sur l'écoute, la concentration, les repères spatiaux, le vocabulaire, la motricité et la mémoire.

Auteur : François Petit

Mon coffret pour apprendre les maths

Ce coffret propose des activités pour comprendre l'addition, la soustraction, la multiplication et la division grâce à la manipulation des cubes empilables, des images et des cartes nombres. Le coffret contient également un livret pour les parents.

Auteure : Delphine Urvoy

Pour terminer ce chapitre dédié au jeu, je vous partage un livre qui a aidé beaucoup de mes élèves et que j'apprécie profondément.

C'est un livre et non un jeu pédagogique mais il peut être mis en scène donc transposé en jeu de rôle.

Avant de devenir la bonne fée de l'orthographe, **Anne-Marie Gaignard,** l'auteure du livre Hugo et les rois Être et Avoir a longtemps souffert de dysorthographie. Aujourd'hui, pédagogue et formatrice, elle livre les clés pour ne plus faire de fautes et transforme la grammaire en conte.

Ici, pas de règles rébarbatives ni de mots complexes. Les mots et les verbes s'animent et deviennent des personnages merveilleux : le roi ÊTRE est gentil et facile à vivre tandis que le roi AVOIR se montre retors. Le malicieux monsieur Troglo-temps détient quant à lui les clés du **e** muet.

Au fil d'une aventure en neuf étapes joliment illustrées, Hugo, fort des secrets de grammaire de la fée Nina, relève les défis orthographiques lancés par les rois et reprend confiance en lui.

Comme lui, votre enfant comprendra l'ensemble des accords difficiles de la langue française. À chaque étape, des exercices permettent de vérifier sa progression. La victoire est au bout du chemin !

Anne-Marie Gaignard
HUGO
et les rois
Tome 1 : comment accorder
les participes passés sans se tromper !
Être
et
Avoir
Collection
Hugo et les rois
Plus de 200 000
exemplaires vendus*
LeRobert

7. L'écoute de la musique

La musique est aussi un système efficace quand il s'agit de se concentrer. La musique peut bloquer les bruits de fond distrayants et fournir une sorte de bruit blanc qui aide à maintenir l'attention sur la tâche à accomplir. Un bruit blanc est comme un fond sonore, auquel on prête des vertus apaisantes et relaxantes. C'est un bruit sourd et uniforme comme un aspirateur, des vagues, un sèche-cheveux, de la pluie ou des chutes d'eau.

De plus, la musique peut avoir un effet apaisant sur l'esprit, aidant ainsi à réduire le stress et l'anxiété associés à la charge de travail des devoirs. Les enfants peuvent se sentir plus détendus et plus à l'aise.

Écouter de la musique peut également avoir un impact positif sur l'humeur. La musique peut mettre votre enfant dans un état d'esprit positif, ce qui peut à son tour améliorer sa motivation et sa productivité pendant ses devoirs.

Certaines études suggèrent que la musique peut stimuler la créativité en encourageant le cerveau à penser de manière non conventionnelle. Pour les devoirs qui nécessitent une réflexion créative, écouter de la musique pourrait potentiellement aider à générer de nouvelles idées et perspectives.

Si vous voyiez que votre enfant est sensible à cela, n'hésitez pas à le laisser travailler en musique mais attention pas avec n'importe quelle musique.

Il existe des preuves suggérant que l'écoute de musique avec des paroles pendant les activités cognitivement exigeantes peut interférer avec la mémoire de travail. Cela peut rendre plus difficile pour votre enfant de se rappeler des informations importantes ou de se concentrer sur des tâches complexes.

Il est donc primordial de choisir avec votre enfant la musique appropriée pour ses devoirs. Il est préférable d'opter pour des morceaux instrumentaux ou des playlists sans paroles car cela réduit les risques de distraction tout en offrant les avantages de la musique en termes de concentration et de motivation.

En plus, un volume trop élevé peut rendre difficile la concentration sur les devoirs. Votre enfant devra régler le volume de la musique à un niveau bas pour qu'elle serve de fond sonore sans être écrasante.

8. Le système de récompense

Utiliser un système de récompense n'est pas indispensable. Cela dépendra de la sensibilité de votre enfant.

Toutefois, récompenser votre enfant lui permettra de se motiver à faire son travail jusqu'à son terme. En allant au bout, votre enfant aura la satisfaction du travail accompli au propre comme au figuré.

Ces récompenses peuvent être sociales, matérielles, relationnelles, sous forme d'activités ou de privilèges. Pour rendre votre enfant de plus en plus autonome, il pourra petit à petit choisir sa récompense. De ce fait, il saura ce qu'il pourra faire après avoir terminé ses devoirs. Par exemple, aller courir dans le jardin, rejoindre un ami, jouer à un jeu qu'il apprécie, ... Le fait de penser à une récompense permettra à votre enfant de se motiver et de rester concentré.

Il est également envisageable d'instaurer ce système de récompense étape par étape. À chaque devoir réalisé, permettre à votre enfant de prendre une pause de quelques minutes. En effet, prendre de courtes pauses évitera la surcharge mentale.

Un changement de décor peut être efficace pour l'aider à se reconcentrer et à revenir à la tâche avec une perspective nouvelle.

De plus, cela est également bénéfique pour la concentration. Les pauses permettent de se détendre et de prendre du recul sur certains devoirs qui paraissaient très compliqués. Les enfants, qui ont un besoin accru de bouger, pourront profiter de se défouler quelques minutes pendant leur pause avant de se concentrer à nouveau sur la tâche à effectuer. Vous pouvez aller vous promener dehors avec votre enfant ou vous asseoir dans une autre pièce avec une collation. Votre enfant peut avoir envie de discuter de ce qu'il apprend et de ses difficultés. Cela peut l'aider à résoudre le problème vécu.

Ce tableau est téléchargeable sur le site www.educatout.com . À la fin de ses devoirs, votre enfant pourra choisir une image pour signaler un comportement, une action ou un évènement dont il est fier. Je trouve cet outil intéressant pour qu'il puisse exprimer ce dont il est fier par rapport à ses devoirs. Après une discussion enrichissante avec lui sur l'image qu'il a choisie, vous pouvez aussi ouvrir la conversation aux comportements moins acceptables qui ont été présents pendant le moment des devoirs et identifier avec lui des solutions afin de remédier à la situation ou au contraire lui offrir sa récompense si son comportement était tout à fait adéquat.

9. Développer le « lâcher-prise »

Pour finir, je vous conseille de garder une distance avec votre enfant afin de vous assurer de l'aider du mieux possible.

Parfois, les parents ont du mal à aider leurs enfants à faire leurs devoirs parce qu'on leur a enseigné une méthode différente de celle de l'enfant. Vous n'êtes pas enseignant, c'est un métier donc n'hésitez pas à « lâcher-prise » sur ce rôle.

Si la période de devoirs engendre souvent des conflits dans votre famille et si après avoir mis en place tous ces outils, votre enfant a encore des lacunes dans certaines matières et n'arrive pas à débuter ses devoirs de manière efficace, il pourrait être intéressant de considérer l'option de bénéficier de l'aide d'un professeur particulier ou d'une personne externe à la sphère familiale.

Votre enfant aura besoin d'aide pour progresser et pour éviter de rester bloqué sur ses devoirs. Le professeur l'aidera à réaliser ses devoirs et ses leçons en plus de consolider ses apprentissages.

Il peut donc s'avérer précieux dans l'évolution scolaire de votre enfant. Cette aide peut être de courte durée mais permettra à votre enfant de retrouver le goût d'étudier et de voir les devoirs comme une opportunité d'apprendre et non comme une corvée ou comme une source de conflit.

À PROPOS DE L'AUTEURE

Elsa Baggenstos, enseignante de métier, est actuellement une maman au foyer auto-entrepreneuse.

Elle pense que l'être humain n'a aucune limite pour devenir ce qu'il désire être. Pour elle, atteindre ses rêves n'est pas une option, c'est la seule issue possible.

C'est pourquoi, après l'écriture de ses deux premiers ouvrages « les rebelles chroniques », récits autobiographiques, elle se lance dans la conception d'un livre pour aider les parents à mieux appréhender le moment des devoirs avec leur enfant ayant un trouble de l'apprentissage.

Ayant suivi plusieurs enfants en cours particuliers, elle a réalisé à quel point leur potentiel était immense malgré leur trouble de l'apprentissage et elle désire que chaque enfant, dit « différent », puisse dévoiler au grand jour ses réelles compétences.

« Si tu diffères de moi, mon frère, loin de me léser, tu m'enrichis »

Antoine de Saint-Exupéry

Printed by Amazon Italia Logistica S.r.l.
Torrazza Piemonte (TO), Italy

59149401R00047